Ernst te Peerdt

Das Problem der Darstellung des Momentes der Zeit

in den Werken der malenden und zeichnenden Kunst

Ernst te Peerdt

Das Problem der Darstellung des Momentes der Zeit
in den Werken der malenden und zeichnenden Kunst

ISBN/EAN: 9783743630598

Hergestellt in Europa, USA, Kanada, Australien, Japan

Cover: Foto ©Thomas Meinert / pixelio.de

Weitere Bücher finden Sie auf **www.hansebooks.com**

DAS PROBLEM

DER

DARSTELLUNG DES MOMENTES DER ZEIT

IN DEN WERKEN DER MALENDEN UND ZEICHNENDEN KUNST.

VON

ERNST TE PEERDT.

STRASSBURG
J. H. ED. HEITZ (HEITZ & MÜNDEL)
1899.

Vormerkung.

Denjenigen, welcher des Willens sein sollte sich um das Verständniss dieses Aufsatzes zu bemühen, bitte ich sich nach beistehenden Angaben einer zwar sehr geringen, aber instruktiven Unbequemlichkeit zu unterziehen. Man placire sich zwei beliebige, in der Form besonders scharfe und inhaltreiche Gegenstände, am besten zwei mit grossen Buchstaben bedruckte Papiere, oder beliebig etwas Anderes, in einer Entfernung von etwa drei Schritt von einander, trete nun in ganz gleichem Abstand von beiden zurück und mache auf sechs bis sieben Schritte Halt. Hier versuche man beide Gegenstände zu gleicher Zeit ganz und gar scharf zu sehen. Man bedenke, dass es Zeit kostet das Auge von einem Gegenstand zum anderen zu wenden, also bewege man bei diesem Versuch die Augen nicht, den Körper auch nicht. Es wird keineswegs gelingen beide Gegenstände in einem und demselben Augenblick scharf zu sehen. Sodann versuche man einen dieser Gegenstände in einem Moment oder in längerer Betrachtung ganz ohne jegliche Wendung von Auge und Körper scharf und ganz zu sehen. Auch dies dürfte kaum gelingen. Man nimmt die Gegenstände wohl unvollkommen wahr, aber man sieht sie nicht scharf. Alsdann trete man von den zwei Gegenständen zurück, bis man beide in ein und demselben Zeitmoment zugleich scharf sieht, bedenke auch hiebei, dass das Wenden von Kopf und Auge Zeit erfordert, betrachte mit ganz und gar regungslosem Körper (und Auge natürlich). Man wird wohl sehr weit zurücktreten müssen, um beide zugleich scharf zu sehen.

Daraus folgt: unser Sehbild ist keine zeitlos gewusste Einheit, sondern eine in der Zeit aneinander gelegte, aus zahllosen Wahrnehmungsmomenten zusammengefügte, zeitliche, einheitlose Vielheit, gewissermaassen eine Sehmosaik, welche an die physiologischen Gesetze der Wahrnehmungs- und Vorstellungsbildung gebunden ist. Entgegen der Fähigkeit des photographischen Apparates aus den optischen Elementen zeitlose Bilder zu gestalten, ist das menschliche Auge nur dazu befähigt, zeitliche optische Einzelwahrnehmungen zu einer idealen Einheit zusammenzufügen, welche alle Merkmale der Vorstellung trägt, also zu der abstrakten, rein optischen Objektivität einer Momentphotographie in dem charakteristischen Gegensatz einer durch das wahrnehmende Organ bestimmten, inobjektiven, also subjektiven Vorstellung steht.

Bildlich wahrhaft einheitliche Darstellungen, das heisst solche, in welchen alle Einzeldarstellungen in der Einheit eines einzigen Momentes richtig zu einander gestellt sind, wie es ja eigentlich den bewegungslosen bildlichen Darstellungen entsprechen sollte, lassen sich nur in mechanisch-optischem Verfahren, wie durch Herausreissen aus dem fliessenden Wechsel der Natur, erzielen und zwar durch die Momentphotographie, dieses auch nur in soweit hier das Mittel es gestattet. Vor Erfindung der Photographie ist nicht einmal der Gedanke einer wahrhaft einheitlichen optischen Darstellung gefasst gewesen.

Die rein zeitlosen Darstellungen der Momentphotographie, welche aus der Natur einzig das räumliche Moment herausgreifen, müssen in einem Widerstreit zu unseren räumlich-*zeitlichen* Sehwahrnehmungen stehen. Es liegt der Gedanke nahe, das rein optische, also räumliche Bild von dem Bild unseres Sehens, dem räumlich-zeitlichen, zu trennen, um das letztere in seiner Wesenheit besser zu erkennen. Ich will versuchen die abstrakte Einheit des *räumlichen*, also reinen optischen Bildes (Momentaufnahme) mit der idealen (imaginären, nicht realen) Einheit des Gemäldes, also des *räum-*

lich-zeitlichen, unreinen optischen Bildes zu vergleichen, um für die Erkenntniss der malenden und zeichnenden, evt. auch der modellirenden Kunst einigen Gewinn daraus zu ziehen.

Das Problem der Darstellung des Momentes der Zeit in den Werken der malenden und zeichnenden Kunst.

Während die Kunst der Musik sich ausschliessend und einseitig innerhalb der fortlaufenden Spanne eines Zeitkontinuums bewegt, und dieses nach Maassgabe des mitzutheilenden, resp. zu empfangenden musikalischen Gedankens, Selbsterlebnisses, nach entsprechenden Zahlenmaassen ausfüllt, ohne je irgend eine Berührung des Raumes, darinnen Alles, was ist, Alles, was empfindet, einbeschlossen ist, anzustreben, sind die Künste der Malerei etc.

und Plastik, welche sich mit der Aufgabe der Darstellung des Raumes befassen, deren Problem, gleichwie auch das der nahezu ganz unzeitlichen Architektur, der Raum ist, genöthigt diesem Moment der Raumdarstellung das Moment der Zeitdarstellung allerengest zu verbinden.

Ich vermeine ganz und gar nicht, dass ich etwas Neues hiemit berühre: eine so unerlässliche Forderung für die Malerei und Plastik ist die Darstellung der Zeit, dass gar weder Bild noch Statue, weder Zeichnung noch Relief zu denken ist, in welchen sie nicht gegeben wäre. Die Praxis ist hier der Theorie weit voraus! Gar so natürlich ist's damit, dass es verwunderlich ist, dass überhaupt das Problem der Zeit in den Darstellungen der Malerei und Plastik zur Sprache gebracht wird. Indess hat es doch ein besonderes Interesse, dem hierin anknüpfenden Gedankengang zu folgen, da im Sehen die räumliche und zeitliche Wahrnehmung sich verbinden und zu einer höchst wundersamen Einheit sich verschmelzen, welche wohl nicht den geringeren, sicher aber den schönsten, ganz unmissbaren Theil des Selbstbewusstseins, des Sichselbstgewahrens des Subjektes, ausmacht. Es giebt auch gar kein geeigneteres Beispiel um diese Verschmelzung von Raum und Zeit, wie sie im wahrnehmenden Subjekt unbewusst, eine Funktion unseres Gehirns, vollzogen wird, zu erörtern; zu gleicher Zeit ergiebt sich auch die Subjektivität unserer Sehwahrnehmungen als sichere Erkenntniss.

Ich will hier über die Idealität von Raum und Zeit nichts Anderes vorausschicken, als dass ich sie bei nachfolgenden Betrachtungen immer als angenommen voraussetze. Es hat kein Interesse hier Dinge von Neuem sagen zu wollen, welche der grösste Denker aller Zeiten in endgültiger Weise bestimmt hat, allen Zweifeln zum Trotz. Da obige Künste, ob sie in ihren Darstellungen auf dieser Erde verbleiben, ob sie vom Staub zur höchsten Himmelssphäre sich zu erheben vortäuschen, doch stets in den Formen der empirischen Welt einhergehen, so ist es mit gelegentlichem Hinweis auf die Idealität von Raum und Zeit genug, und können wir uns darauf beschränken die Gelegenheit dazu zu benützen, wie sie gerade kommt, ohne besonders und systematisch entsprechende Erörterungen zu versuchen.

Nirgendwo wie bei der Kunst der Malerei, welche in jedem Bild das Problem der Raumdarstellung neu behandelt, tritt die Frage: was ist denn der Raum? so gar nahe heran, und nirgendwo sollte die Antwort so naheliegen wie bei dieser Kunst, welche es versteht in zwei dimensionaler Darstellung uns alle Tiefen des Raumes vorzutäuschen.

Den Raum der empirischen Welt leugnen, wollen wir nun nicht. Aber was ist denn der Raum? Hier wird uns eine negative Antwort aus den tiefsinnigen Untersuchungen deutscher Philosophie; nichts Reales ist er, nichts, was an und für sich selbst da wäre! Wie sollte es auch sein? Und doch nehmen wir ihn so ganz gewiss wahr, dass die Gewissheit seiner uns eine der allerersten Gewissheiten überhaupt ist.

Wir leben und weben in ihm, wir schreiten im Spaziergang tastend ihn ab, wir messen ihn aufs Genaueste. Jeder Handwerker hat sein Raummaass in der Tasche, ihn in seinen drei Dimensionen zu bestimmen —: er ist etwas ganz und gar Sekundäres, heisst es, etwas, was nicht ist, sondern den Schein des Seins aus uns, den Gehirnfunktionen des betrachtenden Subjekts entnimmt und schlechthin nur desshalb da ist, weil das Primäre, das, was wirklich ist, in an sich gänzlich leeren Formen und Bewegungsmomenten sich darstellt, welche uns, dem Subjekt, die rein subjektive Empfindung des wirklichen Raumes und der wirklichen Zeit hinzuzugeben ermöglichen; was wir so wahrnehmen, ist nicht an sich, nicht wirklich real vorhanden, unseren eigenen, als unmittelbar von uns wahrgenommenen Körper, das unmittelbare Objekt, sammt den vermeintlich draussen wahrgenommenen Gestalten, einbeschlossen: es ist in doppelter Hinsicht Phantom, einmal weil es nur Vorstellung ist, sodann weil jene Form des Dinges an sich einem unerklärlichen immerwährenden Wechsel und Wandel unterworfen ist. Also dürfen wir sagen: ohne das wahrnehmende Subjekt giebt es nicht Raum noch Zeit, noch die Dinge in ihnen, denn so, wie das Subjekt sie wahrnimmt, sind die Dinge nicht wirklich! Und warum nicht? Weil sie, so wie sie wahrgenommen werden, nur Vorstellung sind, und weil sie, um Vorstellung zu werden, in die wesenheitlichen Formen des Subjektes eingehen mussten, bei welcher Gelegenheit sie in organischen Werth, in sinnliche Form, in Empfindung, in Ichwissen des Subjektes gewandelt werden mussten. Das heisst: die Welt, welche das Subjekt erschaut, ist *nicht* die reale Welt: sie ist die *Vorstellung* einer unerkannten, trotz aller Messungen und Wägungen unerkennbaren Welt, ist ein täuschender bunter, schillernder Schleier, aus den ewig, im endlosen Auf und Nieder der Bewegung sich kreuzenden Fäden von Raum und Zeitempfinden gewoben, welchen das Subjekt, ohne es zu wissen, in der Berührung mit dem unbekannten Ding an sich um sich spinnt, wie die Raupe den Cocon, in welchem es zum Traum entschlummert.

Ob wir diesen subjektiven Charakter des Sehbildes, des Scheines der Welt, erkennen oder doch wenigstens ahnen können, ohne uns der endlosen Mühe monate- oder jahrelanger Studien über die wahre Grenze des Idealen und Realen hinzugeben? Wir wollen es doch mit einer Andeutung versuchen.

Wo stehen die Gegenstände, welche wir sehen? Draussen, ausser uns. — Aber da wir doch nicht richtig sie selbst sehen, sondern auf alle Fälle nur einen durch das Mittel des Lichtes ermöglichten und das Organ des Auges qualificirten Schein, so sehen wir ein Bild von ihnen; dieses Bild kann niemals aussen stehen, sondern nur in uns, auf der Retina des Auges, einbeschlossen in dem unmittelbaren Objekt, dem Körper des Subjektes. Wie dieses Bild vom Subjekt wahrgenommen wird, in Ichwissen umgesetzt wird, das ist ein Räthsel —: aber selbst wenn die

Dinge an sich real wären, wir könnten niemals sie selbst wahrnehmen, sondern nur ihren Schein in uns!

Diesen Schein, der doch niemalen räumlich sein kann, versetzen wir kraft der in uns beruhenden Kausalfähigkeit, Kausalerkenntniss, nach aussen und versehen denselben entsprechend unseren allgemeinen, leeren Sinnesformen mit Plastik, mit *Raum*, und sofern dieser Schein sowohl beweglich, veränderlich ist, wie auch wir, das Subjekt, beweglich sind, entsprechend mit der *Zeit*, welche beiden dabei ihre so schwer durchschaubare Scheinrealität erhalten, da sie nunmehr als Grundlage aller Wahrnehmungen (Vorstellungen!) des Subjektes, als die Folie aller Dinge sich darstellen müssen.

Diese Auffassung wird ihre Bestätigung bis zu einem gewissen Grade aus der einfachen empirischen Naturbetrachtung, aus der unbefangenen Würdigung und Charakterisirung des optischen Bildes entnehmen können. Betrachten wir einmal irgend einen Gegenstand, der Bequemlichkeit wegen einen stillstehenden, in

Hinsicht darauf, ob wir ihn denn auch wirklich, wahrhaftig plastisch sehen. Sei es eine Statue.

Ich setze hier als Hülfe eine Statue, welche natürlich in dieser allgemeinen Bezeichnung als Kunstwerk verstanden ist, in welchem also die für die richtige künstlerische Anregung der Raumempfindung so nothwendige Zeitdarstellung vorausgesetzt wird.

Nehmen wir nun an : wir haben mehrere Zeichnungen davon, alle mit dem beliebten heller oder dunkler glatt getönten Hintergrund, ohne Andeutung eines gegenständlichen Hintergrundes, gewissermaassen mit leerem Hintergrund.

Solch' einen leeren Ton anders denn als schattirtes flaches Papier zu sehen haben wir keinen Grund : wir sollten also von Raum gewiss nichts empfinden wie den empirisch vorhandenen Raum zwischen uns und dem getönten Papier.

Da aber, wie ich oben sagte, die Zeichnung einer Statue mitten in diesem getönten Hintergrund steht, so empfinden wir denselben nicht als getöntes, schattirtes plattes Papier, nicht zweidimensional, sondern als Raum um das Bild der Statue herum, als dreidimensional, jedoch als von dem empirischen Raum getrennten, für sich gesonderten Raum. Diese Erscheinung kann man doch gewiss nicht mit dem Wort «optische Täuschung» allein erklären. Bei entsprechenden, geschickt nach der Natur aufgenommenen Handzeichnungen genügen oft ein paar flüchtige Fahrer mit dem Blei, um die Illusion des Raumes hinter resp. um die gezeichnete Figur anzuregen, ja gar genügt dazu das unberührt stehen gebliebene weisse Papier, darauf die gezeichnete Figur steht. Das heisst: die durch die zeichnerische Darstellung der Statue hervorgerufene Illusion eines plastischen Gegenstandes, Raumempfindung, übertragen wir subjektiv auch auf den Hintergrund, darauf jenes Bild steht, und zwar weil wir zu jenem Bild der Statue schon den Raum aus uns selbst heraus hinzugeben, gerade wie bei den wirklich plastischen Gegenständen, deren auf der Netzhaut unseres Auges stehendes «Bild» wir unter Hinzufügung des Raumes und der Zeit aus uns hinausprojiciren, als ob es die Gegenstände selbst wären, was wir da erschauen, und nicht ihr Bild, unsere Vorstellung von ihnen.

Auf andere Weise noch können wir die in uns beruhende Raumempfindung wachrufen. Denken wir uns: wir haben die verschiedenen Ansichten der Statue nur in den äusseren Umrissen gezeichnet, diese äusseren Umrisslinien mit schwarzer Tusche glatt ausgefüllt: Silhouetten. Hier wiederholt sich jene erstere Erscheinung; selbst zu dem inhaltlosen schwarzen Bild geben wir in der Funktion des Sehens ein wenig der Empfindung des Raumes hinzu und auch der Zeit, denn die Silhouette beginnt zu leben. Allerdings zur freien klaren Anschauung einer Statue kommt es hiebei nicht, wohl aber zu einer verhältnissmässig nicht schwachen Raum- und Zeit-Wahrnehmung. —

Jede Zeichnung, welche wir uns nun nach

unserer Statue aufgenommen vorstellen, wie viele immer es seien, lässt sich in eine Silhouette umwandeln; jede Silhouette wieder mit den zeichnerischen Einzelheiten füllen, welche die optische Erscheinung der Statue ausmachen; daher wir leicht die Erkenntniss ableiten können, dass jede bildliche Darstellung jeglichen Gegenstandes eigentlich gar keine wirkliche Darstellung der Plastik des betreffenden Gegenstandes ist, sondern nur eine von den tausenden Silhouetten, welche man von dem resp. Gegenstand abnehmen könnte; je nachdem man solch' eine Silhouette mehr oder weniger mit den entsprechenden Einzelheiten von Licht und Schatten ausfüllt, erscheint sie deutlicher plastisch: einen Schimmer von Plastik hat sie fast immer.

Aus alle Diesem würden wir geneigt sein zu schliessen, dass wir die Natur gar nicht plastisch sondern platt sehen, und zwar wie auf eine flache Kugelform aufgemalt, deren Mittelpunkt unser Auge, d. i. wir selbst, das Subjekt, sind. Dies ist thatsächlich der Fall, und wenn wir nicht die uns als solche unbewusste Kraft der Nachaussenprojicirung des im Auge stehenden Sehbildes hätten, sondern nur die Wahrnehmungsfähigkeit desselben, so würde es zu einer unmittelbaren Wahrnehmung des Raumes, wie wir jetzt sie haben, nicht einmal dann kommen können, wenn ein Raum an sich real existirte, und die Dinge in ihm Dinge an sich, real, wären, statt, wie sie es sind, Phantome, mitsammt dem Raum, der sie einzubeschliessen scheint.

Wir ersehen aus dieser Erörterung, dass die Malerei vor allen Künsten es gar nicht mit der *Wirklichkeit* der Dinge zu thun hat, dass bei ihren Darstellungen gar nicht von den Dingen selbst die Rede ist, sondern nur von ihrem Schein, und dass dieser Schein seine genaueste Bestimmung in der Organisation des Subjektes findet, und dass der Raum, wie ihn die Malerei darstellt, ebensowenig mit dem empirischen Raum zu thun hat, wie ein realer Raum existirt, und ebensowenig mit den Dingen und ihren empirischen Werthen, auch nichts mit der empirischen Zeit, welche einem endlosen Strom gleicht, von welchem uns immer nur das gerade vor uns entweichende Stückchen wahrnehmbar ist.

Da also es in der Malerei sich gar nicht um eine direkte Darstellung des empirischen Raumes handeln kann, auch nicht um eine solche der empirischen Zeit, so muss es damit eine besondere Bewandtniss haben. In der That: ihre Werke sind nicht, was sie scheinen, und scheinen nicht, was sie sind.

Wir wollen nun noch einige Augenblicke bei der optischen Erscheinung der vom Subjekt wahrgenommenen Gegenstände verweilen und dieselbe noch einmal daraufhin prüfen, ob sie wirkliche Raumanschauung oder nur Raumvorstellung des Subjektes vermittelt. Vermittelte sie uns wirkliche Raumwahrnehmung, so müsste uns damit z. B. der ganze von einer Statue ausgefüllte Raum zur Wahrnehmung vermittelt werden, wir müssten sie rundherum sehen.

Wenn es möglich wäre einen Gegenstand

rundherum zu sehen, so sollte man eigentlich seine wahre Raumgestalt erblicken. Es lässt sich in Verfolg dieser Vorstellung leicht erkennen, dass solch' eine Wahrnehmung optisch unmöglich ist, denn es würde die Nothwendigkeit entstehen, zahlreiche Silhouetten des rundumgesehenen Gegenstandes zu einer einheitlichen Sehwahrnehmung zu verschmelzen. Bringt man einen Gegenstand, welcher so klein ist, dass man ihn mit den beiden Augen von drei Seiten aus erfassen kann, entsprechend nahe mitten zwischen beide Augen, so sieht man nicht ein sich zu einer Einheit ergänzendes dreiseitiges Gesammtbild des betreffenden Gegenstandes, sondern zwei getrennte Silhouettenbilder, deren optischer Charakter allerbestimmtest zeigt, dass sie sich nie werden vereinigen lassen; die Gegenstände, welche wir sehen, sind aber im empirischen Raum abtastbar vorhanden, sind dreidimensional: also ist das optische Bild derselben durch ausser dem Objekt liegende Faktoren bestimmt, ihnen gar nicht eigen und hat mit ihnen überhaupt nichts zu thun. Die Dinge sind nur die Anreger des Sehbildes, welches an sich als solches gar nicht existirt. Somit existirt auch der mit der Sehwahrnehmung verbundene Raum nicht: auch er ist unobjektiven Charakters, nicht weniger wie die mit jeder Anschauung verbundene Zeit.

Wir haben indess noch eine andere Möglichkeit und Art der Raumwahrnehmung, welche an dieser Stelle unserer Betrachtung zu einem Vergleich mit der Raumwahrnehmung des Gesichtes geeignet ist, das ist die des Tastsinnes. Nähme das Auge wirklichen Raum wahr, so thäte es das Getast auch. Die von den zwei entsprechenden Organen erzeugten besonderen Wahrnehmungen müssten eine Art Aehnlichkeit miteinander haben bezüglich des vermeintlich wahrgenommenen Objektes, etwa so wie Geschmack und Geruch eine Art Aehnlichkeit haben. Dies ist nicht der Fall.

Die reine Tastempfindung, welche noch nicht mit Hilfe des Verstandes, durch das Mittel der Bewegung, der Lageveränderung des tastenden Organes und des getasteten Objektes, zu dem

Kausalschluss des Raumgebildes (Körper des Objektes) gekommen ist, ist gänzlich leer von jeder Raumempfindung, sie hat überhaupt niemals unmittelbar den Inhalt der Raumwahrnehmung; sie ist nichts wie das Selbstgewahrwerden des Subjektes an dem Sinnesmedium des eigenen Körpers; sie liegt (vermeintlich) in der Haut und vermittelt keinerlei Form. Die Tastempfindung allein und an sich ist eine reine Empfindung der Zeit ohne jeden räumlichen Inhalt. Die Wahrnehmung von Körpern durch den Tastsinn ist ein Verstandesschluss, beruhend auf der Möglichkeit willkürlicher Lageveränderung gegenüber dem Objekt. Mit den Funktionen des Rückenmarks z. B. ist die Kausalkraft zwar unmittelbar verbunden. Das Rückenmark projicirt, so zu sagen, das Tastobjekt im Gehen, Stehen, Sitzen etc. unmittelbar nach aussen heraus: aber da diese Funktion von dem Bewusstsein getrennt ist, so ergiebt sich für das Subjekt nicht daraus der Begriff des Raumes, nicht eine Raumempfindung, vermeintliche Raumwahrnehmung, wie beim Sehen. Also kommt es beim Tasten überhaupt nicht zur Raumwahrnehmung, sondern nur zu einem Verstandesschluss auf einen Raum mittelst der im Verstand konstruirten Körperformen.

Der Raum liegt als vorhergegebene Empfindung im Subjekt, sonst könnte es nie zu der Vorstellung der Form durch das Tasten kommen.

Nunmehr erscheint uns deutlich die erste Aufgabe der Malerei die Erweckung jener ganz *besonderen* Raumempfindung, welche unmittelbar und gänzlich unbewusst mit der Funktion des Sehens einhergeht und auf diese Weise zu einem grossen Theil die Kausalbeziehung zwischen Subjekt und Objekt herstellt.

Ich habe nun dies Alles hier gesagt, um festzustellen, dass die Raumdarstellungen der Malerei nicht auf der Darstellung eines empirischen, ganz bestimmten und objektiven Raumes beruhen können.

Wäre dies wohl der Fall, so wäre nur eine Art Malerei möglich und zwar diejenige, welche das Bild auf der Retina des Auges, das von jeder subjektiven Zuthat freie, rein optische Bild mit möglichster Treue nachahmt, weil es anders niemalen zu einer Raumempfindung kommen könnte! Dass gerade diese Bilder mangelhaftere Raumdarstellungen sind, erschaut man aus der Photographie, welche, je länger man sie betrachtet, um so mehr an Tiefe verliert, trotz der unendlichen Korrektheit der optischen Details und der mathematischen Richtigkeit der Projektion auf die Fläche des Bildgrundes: zum klaren Bewusstsein dessen kommt man bei der Betrachtung von Momentaufnahmen nach bewegtem Objekt. Hier liegt offenbar eine ungenügende, abstrakte, gewissermaassen empirische Raumdarstellung vor, welche sich mit der naiven subjektiven Raumbildung unserer Sehwahrnehmung nicht deckt. Solche Aufnahmen zeigen, allerdings auch aus andern Gründen, welche ich an fernerer Stelle erörtern werde, eine Art von Starre. Thatsächlich enthält eine mit rein optischen Mitteln, (Werkzeug,) gemachte Darstellung der Natur nur die aufeinander gelegten Silhouettenbilder der Dinge, an Raum nur was der Verstand in unmittelbarem, geradezu unwillkürlichem Akt hinzuthut; immer ist hiebei die Raumwahrnehmung ganz anders wie bei den unpräcisen künstlerischen Darstellungen. Wo es bis zu sogenannten optischen Täuschungen kommt, d. h. die graphische Darstellung in die empirische Realität hineinwächst, wird sich wohl kaum Einer des dumpfen Gefühls irgend eines befremdlichen Sachverhaltes erwehren können. Falsche Plastik, Werk des unwillkürlich reflektirenden Verstandes, keine wahre Raumempfindung, Sinnestäuschung.

Das Stereoskop beruht auf einer Sinnesirritation. Bei dem freien Blick richten sich beide Augenaxen konvergirend auf einen Punkt, in welchem sie das Objekt scharf wahrnehmen, um es also in äusserst schnell oscillirender Bewegung zu einem Gesammteindruck zusammen*zulesen*. Das Princip auf welchem das Stereoskop beruht, ist zwar theoretisch nicht falsch, kommt aber beim normalen Sehakt nicht zu besonderer Bedeutung, da bei den meisten Menschen eines von den beiden Augen die Führung bei der Sehwahrnehmung hat, indess das andere Auge akkompagnirt; so dass eine Verschmelzung der nicht koincidirenden Theile der Sehbilder beider Augen nicht stattfindet.

Wenn es gelungen sein sollte bis dahin, die mit dem Sehen verbundene Raumwahrnehmung als eine Zugabe der Funktion des Sehens zu einer allerdings nur sehr unvollkommen qualificirbaren äusseren Anregung darzustellen, so geht dieselbe, die Raumwahrnehmung nämlich, damit von selbst, indem sie in das Bewusstsein des Subjektes und die Reflexion übergegangen ist, als Vorstellung auch in die allgemeinen Formen jeder Vorstellung ein und zwar in die Form der Zeit, denn jede Vorstellung liegt in ihr beschlossen.

Die Zeit könnte man bezeichnen als das Princip der Bewegung im Raum. Sie wird wohl nicht nur messbar an dem Maass des Raumes, sondern an dem Raum, d. h. an der

Bewegung der Dinge im Raum, überhaupt erst wahrnehmbar. Dieses Moment der Bewegung ist es geradezu, welches die innere subjektive Welt von der äusseren objektiven trennt, und ohne dasselbe würde die Kraft des Kausalschlusses, der Verbindung von Ursache und Wirkung, nicht denkbar sein. Hier begegnet sich ein äusseres und ein inneres Princip der Bewegung, welche beide in der That eins sind, wie ja die Einheit im Wesen bei Subjekt und Objekt nicht zu bezweifeln ist. Ruhe giebt es nicht: alles Seiende ist in immerwährender Bewegung nach aussen hinaus, nach innen hinein; Stillestand und Tod sind nur Schein, und die Bewegung ist es auch bei der Raumwahrnehmung, welche den Haupt- und schönsten Theil bildet.

Das im Subjekt beruhende innere Princip der Bewegung in seinem metaphysischen end- und anfanglosen, ewig ruhelosen Bestreben zu schildern, ist ja unmöglich, da es uns verborgen ist und dem nach innen gerichteten Blick sich nicht erschliesst: das Subjekt kann eben unmittelbar sich selbst nicht wahrnehmen, sondern bedarf des Mediums, des Organs, unmittelbaren Objekts, und des Gegenstandes, mittelbaren Objekts, der Welt — doch manifestirt sich dasselbe an dem Organ, dem Körper des Subjektes gewissermaassen zwiefach in seinem objektiven und subjektiven Charakter. Unser Körper ist in endlosem Stand der Bewegung, niemals giebt es einen einzigen Moment der Ruhe.

Was den Akt der Sehwahrnehmung anbetrifft, so drückt sich hier das Zeitliche in der leicht feststellbaren endlosen oscillirenden Bewegung des geöffneten Auges nach aussen hin ganz deutlich aus. Schon das Auge des Neugeborenen ist in einem rastlosen Stand der Bewegung, welcher nur im Schlaf in einen Stand der Ruhe überzugehen scheint. Diese Bewegung des Auges, sowohl des Augapfels wie auch die des inneren Auges, ist durch alle Entwicklungsstadien der uns bekannten sehenden Welt hindurch thatsächlich und ursprünglich unbewusst und theilweise unwillkürlich; erst im Akt des Fixirens wird die äussere Bewegung willkürlich, aber desshalb doch nicht durchgehends bewusst auf kürzere oder längere Zeit unterbrochen, stillegestellt. Es hat diese Bewegung den Charakter des Tastens und weist lebhaft hin auf die mittels der Tastempfindung durch Orts- und Lageveränderung zu gewinnende, vom Verstande zu vollziehende Begriffbildung von der Gestalt, dem Raum, der den Körpern zusteht, das heisst auf den Ursprung des Gesichtes als einer Ausbildung des Tastsinnes.

Daraus können wir eine Belehrung über das Zustandekommen des Sehbildes entnehmen, zwar keine über das Zustandekommen des damit verbundenen Sichselbstwissens des Subjektes.

Das Sehbild des Auges ist nur an einer einzigen Stelle der Retina scharf, richtig abgeblendet und tief gezeichnet, und diese Stelle ist ganz ausserordentlich klein; man könnte sagen: es ist die Stelle, wo das rein optische Bild auf der matten Scheibe der Camera obscura gelesen wird.

Durch die unbewusste immer während e, wenn auch willkürlich modificirbare Bewegung wird in sehr raschem Wechsel ein Detail nach dem andern des ganzen Gesichtsobjektes scharf wahrgenommen, und hieraus setzt sich das nur vermeintlich durchgehends so sehr scharfe Bild der äusseren Welt zusammen.

Da die Erkenntniss von der Richtigkeit dieser Beobachtung unendlich wichtig ist für unser Thema, so weise ich hier besonders darauf hin. Es giebt eine äusserst einfache Weise sich von der Wahrheit dessen zu überzeugen; man fixire einen in beliebiger Entfernung befindlichen Gegenstand, einen sich nicht bewegenden, ganz scharf in vollkommener Unbeweglichkeit des Körpers und beobachte nunmehr, was von der Gesammtheit des Sehbildes scharf bleibt: ein ganz kleines Stückchen. Je mehr das Stillestellen von Auge und Körper gelingt, um so kleiner wird die wahrhaft scharfe Stelle, also dass der ganze übrige Theil des Sehbildes wie verwischt erscheint. Wo diese Beobachtung nicht gelingen will, ist die Fixirung von Auge, Körper und Objekt nicht innegehalten; es muss eben, soweit möglich, jede Bewegung aufhören. Wenn noch der Umstand der Accommodirung des Auges auf einen ganz nahegelegenen Gegenstand, etwa die Schrift auf dem Papier unter Hand, hinzukommt, ist die Beobachtung gar nicht mehr zu verfehlen.[1] Hieraus ziehen wir einen Schluss, welcher allerdings, soweit ich weiss, keineswegs allbekannt ist: *das Sehbild ist keine geschlossene Wahrnehmungseinheit, es ist keineswegs eine unmittelbare Raumwahrnehmung, wie wir dies ja schon im Vorhergehenden aus ganz anderen Gründen annahmen, sondern es ist ein aus unzählbaren Bewegungsmomenten hervorgehendes Compositum, gewissermaassen ein in der Zeit sich blitzschnell immer neu fügendes Mosaik,*

---

[1] Wenn man selbst sich stille hält, soweit dies überhaupt möglich ist unter dem Stoss des Herzschlages, dahingegen das Objekt sich bewegt (z. B. ein vorüberziehender Menschenstrom), so tritt ein Stück des Objekts nach dem andern in die Stelle ein, wo das Auge scharf sieht, also wird dann die gewollte Beobachtung erschwert oder vereitelt.

zusammengehalten durch die in uns, im Subjekt, liegende Kraft der Raum- und Zeitbildung und Verbindung der inneren Anregungsmomente zu einem aussen liegenden objektiven Geschehen, also streng genommen eine als Vorstellung in der Zeit gelegene Selbsttäuschung des Subjektes.

Als Folge hieraus ergiebt sich für uns, dass unsere Sehwahrnehmungen eine unendlich innige Verschmelzung der das Wesen all unserer Vorstellungen ausmachenden Kraft der Raum- und Zeitempfindung sind, und keineswegs eine reine, unmittelbare Wahrnehmung eines an sich existirenden Raumes und keineswegs eine reine, unmittelbare Wahrnehmung einer wirklichen Existenz der Dinge, Körper, schon allein weil das Moment der Zeit bei einem Subjekt, welches zeitloser Wahrnehmungen unfähig ist, nicht abgetrennt werden kann von dem unbedingt zeitlosen Wesen eines Raumes, sei es der ideale unserer Vorstellung oder der empirische unserer Verstandeswahrnehmungen, dessen Existenz an sich nur supponirt wird, und dessen

Annahme als blosser Verstandesschluss doch auch nur in der Zeit möglich ist.

Es soll nun mit alle Diesem auch nicht die empirische Realität des äusseren Objektes der Malerei angezweifelt werden, sondern es soll auf den gewaltigen, tiefeinschneidenden Gegensatz hingewiesen werden, welcher zwischen der empirischen Betrachtung des Objektes, der optischen Erforschung des gesehenen Gegenstandes selbst, der Erforschung seines optischen Scheins, und dem unzerlegten Sehen des naiven Subjektes besteht, welch' letzteres in der Kunst der Malerei als Vorstellung und Empfindung des Subjektes zugleich das wahre Objekt aller Darstellungen ist. Die Einzelerforschung des abgetrennten einzelnen Dinges hat nichts mit den Aufgaben der Malerei etc. zu thun: Die Malerei schildert nur subjektive Vorstellungen der Dinge, sie schildert *niemals Realität* und *reale Dinge,* sondern nur deren Vorstellungen, hervorgegangen aus den organischen Funktionen des Subjekts; und diese Vorstellungen existiren frei von der empirisch-realen Existenz der Dinge, frei von dem empirischen Raum, frei von der empirischen Zeit — : sie gehen ganz und gar nicht auf das empirische Objekt, welches zu qualificiren sie nie unternehmen können, *sondern einzig und immer auf das Subjekt,* welches an ihnen sich selbst wahrnimmt.

Der empirische Raum ist ein Verstandesschluss durch das optische Tasten, das Betasten und die Bewegung von Objekt und Subjekt, im unmittelbaren Verstandesakt hervorgerufen — der Raum aber, welchen die Malerei schildert, ist eine vorweg gegebene Form des Subjektes, in welche, wie in die gleichfalls im Subjekt beruhende Zeit, Alles eingehen muss, was irgend Anschauung und Vorstellung für uns werden soll. Der Raum, welchen wir in der Funktion des Sehens wahrnehmen, ist eine mit der Zeit innigst und unlösbar verquickte Empfindung, welche mit dem Subjekt steht und fällt.

Ebensowenig wie die Thatsache der Abtastbarkeit der Dinge im empirischen Raum beweist, dass ein Raum an sich existire, dessen

Daseinsform zu schildern alsdann die Aufgabe der Malerei wäre, ebensowenig ist die Bewegung der Objekte, der mittelbaren sowohl wie des unmittelbaren, des Körpers, der Person des Subjektes, ein Beweis dafür, dass es eine Zeit an sich gebe. Ohne die im Subjekt beruhende Kraft der Nachaussenverlegung äusserer Bewegungsanregungen sowohl wie Raumanregungen würde das ganze auf der Retina unseres Auges stehende Sehbild nicht nach aussen projicirt werden; das heisst: die äussere Welt würde raum- und zeitlos bleiben auch in unserer Empfindung, wie sie es wirklich an sich ist, und sich niemals zur Vorstellung erweitern können; ihre ganze Wirkung auf das Subjekt würde innerhalb des Subjektes verbleiben, nicht aus demselben heraustreten!!

Also ist es mit der vermeintlichen Objektivität der Schilderung des Geschehens in der Natur (Zeit), durch die Malerei nicht anders, wie mit der vermeintlichen objektiven Schilderung des Seins (Raum), durch die Malerei: in beiden Fällen ist das wahre Objekt eine subjektive Empfindung, ein Schein, Selbstdarstellung des Subjektes.

Bildwerke, welche das Moment der Zeit ganz ausschliessen, sind keine Kunstwerke. Die Momentphotographie beweist dies durch ihre Leichenstarre zur Genüge; sie ist nichts wie eine optische Reduktion aus dem Dreidimensionalen ins Zweidimensionale. Maler, welche durch falsche Beobachtungsweise zu einer ähnlichen Erkenntniss des optischen Bildes auf der Retina ihres Auges kommen, in diesem Process ihre Subjektivität zurückdrängen und den reflektirenden und konstruirenden Verstand überwiegen lassen, verlieren den Begriff Kunstwerk, Bild, ganz, soweit dies möglich ist; als Optiker mögen sie Genie's sein, als Maler sind sie Dilettanten.

* * *

Dass es in der Malerei sich thatsächlich um die Darstellung einer *Folge von Momenten handle*, ist leicht erweisbar, trotzdem alle dargestellten Bewegungsmomente zu gleicher Zeit nebeneinander auf der Bildtafel liegen. Es sind eben solche Momente als ein Zugleich, *Nebeneinander*, zusammengefügt, welche in der That im Sehen des lebendigen Objektes ein *Nacheinander*, eine Folge bilden. Es handelt sich hier um eine Nothwendigkeit des Kunstwerkes, welches immer Vorstellung ist, und als solche niemalen zeitlose, rein optische, also abstrakte Darstellung werden darf. Der zeitliche Charakter jeder Vorstellung bedingt dies.

Unsere Sehwahrnehmung ist zeitlich in gewisser Hinsicht beschränkt, desshalb wird bei der Betrachtung der Natur eine unfreie *Wahl* getroffen in Bezug auf die Bewegungsmomente, welche in eine bildliche Darstellung der Künste hinübergenommen werden können. Man vergegenwärtige sich dies an folgendem Beispiel:

Lässt man einen Gegenstand in ganz langsame Kreisbewegung eintreten, etwa nach Art des Zeigers einer Uhr, so nimmt man die Bewegung desselben nicht ohne Hülfen wahr; lässt man einen Gegenstand in eine gewisse schnelle Kreisbewegung eintreten, welche so schnell ist, dass das Auge dem sich bewegenden Gegenstand, ihn fixirend, folgen kann, so nimmt man seine Gestalt trotz der Bewegung noch wahr; lässt man den Gegenstand in immer schnellere Bewegung eintreten, so verliert sein Bild erst die Form, wird verwischt und scheint sich zu vervielfältigen, bis es endlich zu einer vollkommenen Scheibe zu werden scheint, welche von der Form des Gegenstandes gar nichts mehr erkennen lässt.

Wendet man dies als Princip auf die Sehwahrnehmung der lebendigen Natur an und setzt noch die durch die Eigenbewegungen des Subjektes bedingte Steigerung hinzu, so erhält man eine klare Vorstellung von der Formenwahl bei dem Akt der Sehwahrnehmung. So tritt zu der wesentlichen qualitativen Verschiedenheit von dem reinen optischen Bild (z. B. Momentphotographie) noch eine quantitative, gewissermaassen defektive Verschiedenheit hinzu: das Auge ist gar nicht im Stand allen Momenten der empirischen Raumentwicklung, der Lagenänderung der Körper, genau zu folgen: es wählt vielmehr eine Mosaik von entsprechenden Momenten, welche nun in der Funktion des Sehens mit Raum, Körper und mit Bewegung im Raum, Zeit, ausgestattet werden. Diese illusorische subjektive Vorstellung von Raum und Zeit ist von unbeschreiblichem Reiz für das Subjekt. Das Schauen ist einer der höchsten Genüsse des Lebens, ein Selbstgenuss.

Die lebhafte Anregung der Zeitempfindung, welche zu dem ästhetischen Genuss der Betrachtung der Körperwelt, wie die Malerei ihn bietet, so unumgänglich nothwendig und für denselben so wesentlich ist, wird nun, wie schon gesagt, in zwiefacher Weise dem Subjekt zu Theil, erstens durch die Bewegung des Objektes, welche man kurzweg als Leben bezeichnet, dann durch die Bewegung des unmittelbaren Objektes, d. i. durch die Veränderung der Lage des Körpers des Subjektes, also durch eine immerwährende Lageveränderung von Objekt und Subjekt zu einander.

Hier liegt der Punkt, wo die Kunst als

solche von der blossen Thätigkeit der Reducirung des Dreidimensionalen in's Zweidimensionale sich ganz deutlich sondert, indem so die rein optische Darstellung als Thätigkeit der Feststellung des zweidimensionalen Bestandes auf der Retina des Auges, des Schimmers auf der matten Scheibe der Camera obscura, sich charakterisirt gegenüber der Schilderung jener Erfahrnisse und Erlebnisse der vorstellenden Subjektivität, die an der unermessen in Raum und Zeit beruhenden Erscheinung der Welt, an ihrem drängenden, quellenden Wechsel alle Höhen und Tiefen ihrerselbst durchkostet in einer Selbstbefangenheit, welche Dichter und Denker aller Zeit mit dem treffenden Wort «ein Traum» bezeichnet haben. —

Diese Erfahrung haben in der Praxis der Kunstübung die Realisten gemacht. Es giebt keinen Maler, der nicht hätte erfahren, dass er mit dem Trugprincip einer realistischen Kunst nicht ein grosser Künstler wurde, sondern ein grosser Optiker.

Das menschliche Auge, hier statt 'des Subjektes der Kürze wegen gesetzt, ist einer zeitlosen Wahrnehmung gänzlich unfähig: es gewahrt kein zeitloses Nebeneinander, kein Sein, sondern ein zeitliches Nacheinander, welches nur in der Abstraktion, nur im Verstand sich zu einem Nebeneinander, einem vermeintlichen Sein zusammenschliesst, also nur Vorstellung ist, den Charakter der Vorstellung stets und sicher überall behält, ob es sich auf das Ganze oder das Einzelding richte.

Hieraus ergiebt sich, dass eine Schilderung des *zeitlichen Geschehens zusammen mit der Schilderung der Raumempfindung die eigentliche Aufgabe der Malerei ist* —: es ergiebt sich auch, dass, bei der endlosen Verschiedenheit der Subjektivitäten, es niemals ihre Aufgabe sein kann in gemeinsamem Uebereinkommen auszulernen und festzustellen, wie wohl die äusseren Anreger der Sehwahrnehmung an sich gestaltet, geformt, gefärbt seien, weil die Dinge ausser uns eine ganz andere Existenz an sich haben, wie wir in Betrachtung des seltsamen Traumbildes, darinnen wir uns eingesponnen haben, ohne es zu wissen, annehmen. Es handelt sich in der Malerei gar nicht um das Anregende selbst, sondern es handelt sich lediglich und einzig um das Angeregte. Schlagend richtig hat sich hiefür in den Malerwerkstätten aus der praktischen Thätigkeit selbst das Wort Conception gebildet: Empfängniss. Hier stehen das Verursachende und das Erwirkte in vollkommener Scheidung.

Wäre dieses nicht so, wie könnte man die endlose Verschiedenheit der künstlerischen Darstellungen erklären, die doch alle sich derselben Mittel bedienen müssen, und alle offenbar und allersicherst ein und dasselbe Objekt wählen müssen, wie immer dasselbe ein anderes scheine.

An diesen Merkmalen können wir jetzt eine Malerei als Kunstwerk sicher erkennen: erweckt dieselbe keine Zeitempfindung in uns, löst sie sich nicht selbstständig als Raum aus dem empirischen Raum los, als Raum im Raum, so ist sie kein Kunstwerk, und wenn sie gezeichnet ist wie eine Momentphotographie.

Ich bin gewiss nicht der Einzige, der an modernen, mehr noch an älteren Bildern unseres Jahrhunderts die Beobachtung der «falschen Plastik» gemacht hätte. Die Verschmelzung von Raum und Zeit ist eben unbedingt nöthig, um den charakteristischen Eigenthümlichkeiten des Sehens als Vorstellung gerecht zu werden.

Mit gewissen näheren Bestimmungen gelten diese Sachen auch für die Plastik. Die Architektur beruht fast nur auf der von ihr ausgehenden Anregung der Raumempfindung.

Hiermit will ich diesen Erörterungen über die Malerei etc. eine Grenze setzen, da ja das zumeist Wichtige in zahllosen Schriften, ästhetischen Studien aller Art, von Andern erschöpfend gesagt ist.

Es war aber nöthig dieses Alles einmal zu erwähnen, da durch das unglaublich bunte Durcheinander der heutigen Malerei diese wahre, uralte Aufgabe, Schilderung der Sehvorstellung des Subjektes, verkannt wird. Es ist weder Aufgabe der Kunst den zufälligen optischen, zeitlosen Bestand auf der Netzhaut eines Betrachters einer Reichstagseröffnung festzustellen, noch Aufgabe Gegenstände des Amüsements eines Publikums der Wiesbadener Colonnadenbazars zu schaffen u. s. w. Nicht der Gegenstand an sich ist das Problem, sondern *das Geschehen an ihm,* und nicht das Ereigniss an sich, sondern *die Vorstellung desselben.*[1]

---

[1] St. Augustinus: Von der wahren Religion, Uebers. Stolberg, Seite 72: «Und so wie alle sinnlich schönen Dinge, es sei, dass die Natur sie hervorbrachte oder dass Künste sie arbeitend bildeten, durch Verhältnisse des *Raumes* oder der *Zeit* schön sind, wie zum Beispiel ein Leib, und die Bewegung des Leibes; so ist dagegen jene Gleichheit und Einheit, welche nur vom Verstande erkannt und nach welcher durch Vermittelung des Sinnes die körperliche Schönheit beurtheilt wird, weder schwellend im Raum noch wandelbar in der Zeit.»